Lesezug – 3. Klasse

Liebe Mütter, liebe Väter, liebe Omas, liebe Opas, liebe Tanten, liebe Onkel, liebe Lehrerinnen und Lehrer!

Kinder, die am Ende des klassischen Erstleseprozesses stehen, wollen Bücher lesen, die sich, in Format und Umfang, von den Erstlesebüchern unterscheiden. Oftmals sind diese Bücher dann für Kinder mit einer geringeren Lesekompetenz überfordernd und aus Leselust entsteht rasch Lesefrust. Kinder, die schon gut lesen können, wollen immer mehr und schneller lesen.

Die Bücher der 3. Klasse bieten den Kindern die optimale Plattform, das Lesen in lustvoller Weise zu trainieren. Die Geschichten sind mit viel Einfühlungsvermögen und auch Witz in einer altersgemäßen Sprache geschrieben. Durch die liebevoll gestalteten Illustrationen werden Kinder zusätzlich zum Weiterlesen motiviert.

Viel Freude mit tollen Leseerlebnissen!

Dipl. Päd. Andrea Rieger, MA
Lesepädagogisches Lektorat

Karin Ammerer

Auch Spuken will gelernt sein

Mit Illustrationen von
Stefan Torreiter

Der G&G-Lesezug™

Von Karin Ammerer unter anderem im G&G Verlag erschienen:
„1,2,3 – Zauberei“, Lesezug 2. Klasse, ISBN 978-3-7074-0371-8

www.ggverlag.at

ISBN 978-3-7074-0348-0

In der neuen Rechtschreibung 2006

5. Auflage 2010

Illustration: Stefan Torreiter
Printed in Europe

Inhalt

1. Schreck lass nach!

Ängstlich zog Gruseli seine Decke bis über beide Gespensterohren.

Vorsichtig schaute er hervor.

Der Vollmond leuchtete zum Fenster herein. Der Wind pfiff durch das Schloss und die alte Eiche knarrte gespenstisch. Noch tiefer vergrub sich Gruseli in seinem Bett.

Was war das für ein Geräusch?

„Wer ist da?", fragte Gruseli und hielt den Atem an. Alles war still.

„I... Ich ha... habe keine A...A...Angst!", stotterte er.

„Du willst ein echter Geist sein?!", rief eine gespenstische Stimme. Gruseli nickte. Er fürchtete sich viel zu sehr, um etwas zu sagen.

„Angsthase!", kicherte die Stimme.

Das Licht ging an und vor Gruselis Bett standen Skeletto und Gruselda.

Die beiden Geister hielten sich die Bäuche vor Lachen. Gruselda rasselte mit ihren Ketten und Skeletto klapperte mit seinen Knochen.

„Lasst mich in Ruhe! Ihr habt mir keine Angst gemacht! Ich habe nur so getan, um euch eine Freude zu machen", rief Gruseli wütend. Skeletto und Gruselda glaubten ihm nicht. Gruseli drehte sich beleidigt auf die andere Seite, stellte sich schlafend und begann laut zu schnarchen.

Gruselda gab Skeletto ein Zeichen und die beiden verließen lachend das Zimmer. Natürlich war der kleine Geist nicht gleich eingeschlafen. Er lag noch lange wach und dachte nach. Wer ganz genau hinsah, konnte erkennen, dass ihm Tränen über die Geister-wangen liefen.

Gruseli wusste, dass er anders war als andere Geister. So hatte er zum Beispiel furchtbare Höhenangst. Wenn er an der Decke schweben sollte, wurde ihm schwarz vor den Augen.

Er fürchtete sich, wenn er nachts über den Friedhof gehen musste und um Mitternacht – zur Geisterstunde – war er auch immer schrecklich müde!

Überhaupt spukte Gruseli nicht gerne.

Aber das war noch lange kein Grund, sich über ihn lustig zu machen! Wütend wischte sich der kleine Geist die Tränen aus dem Gesicht. Er stand auf und begann seine Koffer zu packen. „Euch werde ich es zeigen!“, flüsterte er.

In seiner Hand hielt Gruseli ein Prospekt. Darauf stand:

„Schloss Spukenstein – Geisterschule! Spuken lernen leicht gemacht. Einfach vorbeikommen und drauflosspuken.“

„Ihr werdet euch noch wundern! Wenn ich von dort zurückkomme, werde ich der gruseligste Geist der ganzen Welt sein!“, sagte er und schwebte los.

Erste Stunde – Geisterkunde

Schloss Spukenstein lag einsam und verlassen im Nebel.

Gruseli nahm all seinen Mut zusammen und öffnete die schwere Tür. Das alte Holz knarrte schaurig. Vorsichtig schwebte der kleine Geist in die Halle. Alles war dunkel.

Gruseli tastete sich langsam vor. Plötzlich zuckte er zusammen. Eine Fledermaus war ihm um die Ohren geflogen.

Die Kerzen an den Wänden begannen wie von Geisterhand zu brennen. Gruseli schaute sich suchend um. Am hinteren Ende der riesigen Halle schwebten ein paar kleine Geister neben einer Treppe.
Sie unterhielten sich miteinander.

„Bist du auch hier, um das Spuken zu lernen?", fragte Gruseli einen kleinen Vampir schüchtern.

„Ja, aber eigentlich bin ich schon richtig gruselig!", erwiderte der und ließ seine spitzen Zähne aufblitzen.

„Jeder von euch wird hier noch einiges dazulernen!“, hallte eine gespenstische Stimme durch den Saal. Eine große Gestalt kam die Treppe herunter und warf einen langen Schatten.

„Ich bin Direktor Grausam!“, stellte sich der Mann vor. Er war kräftig gebaut und trug eine Uniform mit zahlreichen Orden. Ganz nach Gespensterart trug er seinen Kopf unter dem linken Arm.

„Herzlich willkommen auf Schloss Spukenstein! Hier werdet ihr alles über Spuk und Grusel lernen, was ihr wissen müsst, um richtige Geister zu sein! Doch zuerst möchte ich euch etwas über einige berühmte Geister erzählen.

Sie alle besuchten meine Schule!", sagte er stolz und deutete auf die Bilder, die die alten Mauern schmückten. „Das ist Ritter Fürchtobold, der Schreckliche. Er war der tapferste Ritter des Landes und hat viele Kämpfe gewonnen. Ausgerechnet gegen den Feigling Graf Grausegar verlor er leider einen besonders wichtigen Kampf. Der Preis wäre die schöne Tochter des Königs gewesen! Fürchtobold ärgerte sich so sehr über seine Niederlage, dass er starb. Graf Grausegar aber erzählte im ganzen Land, dass der Ritter vor lauter Angst vor ihm tot umgefallen sei. Seitdem spukt Fürchtobold auf Schloss Finster, um sich für diese Lüge zu rächen. Es heißt, dass es noch kein Mensch eine ganze Nacht lang in diesem Schloss ausgehalten hätte."

Besonders stolz war Direktor Grausam auf Oma Grusemuse. Die alte Dame schaute eigentlich sehr freundlich drein. Doch sie schaffte es immer wieder, Angst und Schrecken zu verbreiten. Am liebsten spukte sie, wenn jemand allein zu Hause war.

Sie ließ es an der Wand klopfen oder spazierte auf dem Dachboden herum, so dass man ihre Schritte gut hören konnte. Manchmal ließ sie Dinge verschwinden und dann plötzlich wieder auftauchen. Oder sie saß im Keller und miaute wie ein kleines Kätzchen. Kam dann jemand nachschauen, war sie natürlich schon längst wieder verschwunden. Besonders gern versteckte sie sich auf Friedhöfen. Stand jemand an einem Grab, sagte sie plötzlich: „Danke für die Blumen!" oder „Hallo, wie geht es dir?"

Liefen die Menschen dann laut schreiend davon, freute sie sich diebisch. Oma

Grusemuse hatte auch schon zahlreiche Preise für ihren Spuk erhalten. Zum Beispiel das goldene Spukabzeichen für besonders gruselige Geräusche.

„Nehmt euch diese Geister zum Vorbild!", rief Direktor Grausam.

Die Schüler nickten. Das kleine Geistermädchen neben Gruseli hob die Hand.

„Ja bitte", sagte der Direktor und legte seinen Kopf kurz auf einer Bank ab.

„Mein Onkel Schreck-o-Schreck spukt im Schloss der englischen Königin!", erzählte Schreckina stolz.

Die anderen staunten.

„Und mein Bruder hat einen Mann so erschreckt, dass der weiße Haare bekommen und seitdem kein einziges Wort mehr gesprochen hat!“, rief das Skelett Klapper.

Vamp, der kleine Vampir, hatte einen Urgroßonkel, der jede Nacht auf der Suche nach frischem Blut war.

Und der Geist Polter berichtete von seinem Cousin Hakenhand, der als Kapitän eines Geisterschiffes auf den sieben Weltmeeren sein Unwesen trieb. „Wenn ich meine Geisterausbildung beendet habe, nimmt er mich mit und wir spuken gemeinsam!“, rief er zum Schluss.

Direktor Grausam hatte ruhig zugehört.

Nun griff er nach seinem Kopf und setzte ihn wieder auf. „Dann lasst uns nicht länger warten!“, rief er seinen Schülern zu. „Der Unterricht beginnt um Punkt Mitternacht!“

Die Ausbildung auf Spukenstein

Pünktlich trafen die Schüler im Klassenzimmer ein – es war das Verlies. Direktor Grausam erwartete sie schon.

Gruseli war wie immer zur Geisterstunde müde. Er gähnte.

Zuerst wurde das richtige Heulen geübt.

„HUHUUUUH!“, hörte man die Geisterkinder rufen.

Gruseli lief es kalt den Rücken hinunter, so schaurig klang es.

„Jetzt du allein“, sagte Direktor Grausam und deutete auf Gruseli.

Der kleine Geist atmete tief ein und öffnete dann den Mund. Doch heraus kam nur ein schüchternes „HUH!“.

Die anderen lachten.

Vamp griff sich an das Herz. „Hast du mich erschreckt!“, rief er und grinste dabei von einem spitzen Zahn zum anderen.

„Lauter!“, brummte Direktor Grausam.

Wieder holte Gruseli tief Luft. Doch auch diesmal klang sein „HUHUUH!“ nicht viel besser.

„Vor dir hat ja nicht einmal meine Oma Angst!“, lachte Klapper.

Als Nächstes stand „Kettenrasseln“ auf dem Stundenplan.

Gruseli konnte die Ketten nicht einmal aufheben, so schwer waren sie. Auch die anderen Geisterkinder hatten ihre liebe Mühe. Gruseli nahm seine ganze Kraft zusammen. Endlich bewegten sich die Ketten ein kleines Stück! Stolz ließ er sie wieder fallen.

Direktor Grausam war noch nicht ganz zufrieden.

„Strengt euch mehr an!“, rief er seinen Schülern zu.

Danach sollten die Geisterkinder ganz nach oben an die Decke schweben.

Langsam bewegte sich Gruseli aufwärts. „Ist das hoch genug?“, fragte er.

„Höher!“, rief Direktor Grausam.

Gruseli wurde schwindlig. Es wurde ihm schwarz vor den Augen, alles drehte sich. Er stürzte ab und landete – PLUMPS – auf seinem Geisterpo. Ein typischer Fall von Höhenangst!
Als die Schüler durch Wände gehen sollten, bekam es der kleine Geist richtig mit der

Angst zu tun. Bestimmt konnte man in der Mauer stecken bleiben!

Klapper, das kleine Skelett, versuchte es als Erster. Mutig ging es auf die Wand zu und verschwand darin. Dann tauchte sein Kopf wieder auf und Klapper grinste Gruseli an.

Ganz vorsichtig streckte Gruseli seine Hand in Richtung Mauer. Dabei kniff er die Augen fest zusammen. Er zitterte vor Aufregung. Noch bevor er die kalte Wand richtig spürte, zog Gruseli die Hand erschrocken zurück. Er hatte ein Spinnennetz berührt und vor Schreck laut aufgeschrien. Die anderen bogen sich vor Lachen.

Direktor Grausam war ganz und gar nicht nach Lachen zumute. Nachdenklich kratzte er sich am Kopf, den er diesmal unter seinem rechten Arm trug. So einen Geist wie Gruseli hatte er noch nie unterrichtet. Ob der jemals das Spuken erlernen würde?

Ein gruseliger Plan

Einige Nächte und viele anstrengende Schulstunden später hatte Gruseli aber dazugelernt. Sein Heulen klang zwar noch immer nicht richtig Furcht erregend und die Ketten, die er eigentlich tragen sollte, hatte er versteckt.

Dafür konnte er sich richtig gut unsichtbar machen. Das konnte er besser als alle anderen. So machte er sich oft blitzschnell unsichtbar, wenn er an die Decke schweben sollte.

Als die Schulglocke wieder einmal Mitternacht schlug, trafen die Geisterschüler einander im Verlies.

Direktor Grausams Kopf schwebte bereits

im Klassenzimmer. Mit dem letzten Glockenschlag erschien der Rest von ihm.
„Ich habe schlechte Nachrichten für euch! Der Besitzer des Schlosses, Graf Spukenstein, ist mit seiner Großnichte Nina heute hier aufgetaucht!“, sagte er ernst.

Fragend sahen seine Schüler einander an.

„Ich habe die beiden belauscht! Das Schloss soll abgerissen werden!“, erklärte der Direktor.

Aufgeregt tuschelten die Geisterschüler miteinander. Das war eine furchtbare Neuigkeit!

„Das müssen wir verhindern!“, rief Klapper.

„Wo sollen wir denn sonst lernen, wie man richtig spukt?“, fragte Schreckina.

Direktor Grausam zuckte ratlos mit den Schultern. Er wusste auch nur, dass der Graf schon heute damit beginnen wollte, die kostbaren Gemälde und Ritterrüstungen zu verkaufen. „Sobald alles weg ist, wird das Schloss abgerissen!“, sagte der

Direktor traurig und verschwand, wie er gekommen war.

Die kleinen Geister steckten die Köpfe zusammen.

„Wir werden diese Käufer einfach vergraulen! Wozu sind wir denn Geister?“, schlug Klapper vor.

Die anderen heulten vor Begeisterung.

Sofort machten sich alle daran, ihren Spuk vorzubereiten.

Gruseli blätterte eifrig in seinen Schulbüchern und überlegte, womit er die Menschen erschrecken könnte. Er wollte beweisen, dass er viel gruseliger sein konnte, als alle dachten!

Schreckina mischte verschiedene Zutaten in einem Kochtopf zusammen und rührte immer wieder um.

„Mmh, lecker ... frisches Blut!“, schwärmte Vamp.

Schreckina nickte stolz.

Klapper und Polter holten etwas aus ihrem Zimmer und grinsten geheimnisvoll.

Vamp polierte seine spitzen Zähne, bis sie glänzten.

Nur Gruseli saß noch immer über seinen Büchern. Entweder waren die Vorschläge zu harmlos oder so gruselig, dass er selbst Angst hatte. Doch die Zeit drängte. Die ersten Käufer standen bereits vor der Tür.

„Wir sind bereit! Der Spuk kann beginnen!“, rief Klapper.

Der Spuk beginnt!

Am nächsten Morgen kamen zwei Männer ins Schloss. Sie waren gekommen, um sich ein paar Bilder anzusehen, die sie kaufen wollten.
„Lassen Sie sich ruhig Zeit!“, sagte der Graf und zog sich in das Empfangszimmer zurück.
Die beiden Herren sahen sich in der Halle um und musterten die Bilder.
„Nett!“, sagte der Kleinere.
„Sehr nett!“, stimmte der andere zu und rückte sich seine Brille zurecht.

Klapper gab seinen Freunden ein Zeichen.

Da stieg Polter aus dem Gemälde, das

die zwei gerade betrachteten. „Sehr nett!“, machte er den Mann nach. Er nahm ihm die Brille von der Nase, hauchte gegen das Glas und setzte ihm die Brille wieder auf.

Den Männern lief es kalt über den Rücken. Wie versteinert standen sie da.

Klapper tippte den beiden von hinten auf die Schultern.
Langsam drehten sich die Herren um.

Vor ihnen stand ein Skelett mit einer Axt im Kopf. „Verzeihung, haben Sie

zufällig ein Schmerzmittel für mich? Mein Kopf tut plötzlich so weh! Ich weiß auch nicht, warum!", meinte es unschuldig.

Das war zu viel! Die Männer rannten Richtung Ausgang. Ihre Schritte hallten schaurig. Plötzlich rutschten sie aus und stürzten zu Boden.

„Sie bluten ja, Herr Kollege!", sagte der Kleinere, als beide wieder aufgestanden waren.

„Sie aber auch!", antwortete der andere.

Ihre Anzüge waren über und über mit roten Flecken übersät.

Schreckinas extra hergestelltes Blut hatte seine Wirkung nicht verfehlt!

Die beiden Herren liefen, nein, stolperten

weiter. Völlig außer Atem erreichten sie die Tür.

Dort stand Vamp, der sich genüsslich die Lippen leckte. „Ich rieche Blut! Da werde ich ganz huuungrig!", heulte er.
Die Männer verließen fluchtartig die Halle.
Dumpf schlug die Tür hinter ihnen zu.

Graf Spukenstein kam aus seinem Zimmer. „Meine Herren ...“, sagte er und sah sich suchend um.

„Sonderbar“, murmelte er und ging zurück ins Empfangszimmer. Die Geisterkinder bogen sich vor Lachen. Sie waren stolz auf ihren Spuk!

„Du bist jetzt dran, Gruseli!“, sagte Klapper.

Die anderen nickten. Gruseli sollte den Grafen und Nina erschrecken. Und zwar am besten so, dass sie das Schloss für immer verlassen würden.

„Wenn sie sich fürchten, kommen sie nie, nie wieder. Und dann können sie das Schloss nicht abreißen, weil sie sich nicht mehr trauen, hierher zu kommen!", erklärte Schreckina.

Das leuchtete jedem ein. Gruseli zweifelte ein bisschen. Ob er das schaffen würde?

„Jetzt kann nicht mehr viel schiefgehen!", meinte Klapper.

„Am besten, du beginnst mit dieser Nina, Gruseli. Mädchen sind sowieso leicht zu erschrecken. Die fürchten sich sogar vor dir!", sagte Vamp.

Schreckina warf ihm einen bösen Blick zu.

Gruseli schwebte bis vor Ninas Zimmer. Es musste ihm einfach gelingen, das Mädchen zu erschrecken. Bestimmt hatten die anderen Recht. Wenn Nina sich fürchtete, würden sie und ihr Großonkel nie wieder kommen. Und Direktor Grausam könnte seine Geisterschüler weiter ausbilden, ohne gestört zu werden.

Gruseli atmete tief ein und aus. Er nahm all seinen Mut zusammen und schlüpfte vorsichtig durch das Schlüsselloch.

Gruselis großer Auftritt

Nina lag in ihrem Bett und schlief tief und fest.

„Huhuuu!“, flüsterte Gruseli.

Nichts!

„Huhuu!“ Diesmal klang es ein wenig lauter.

Nina kuschelte sich in ihre Decke. „Bist du das, Onkel? Muss ich schon aufstehen?“, meinte sie verschlafen.

„Huuuhuuuu!“, rief Gruseli nun so laut, dass er selbst erschrak.

Nina rieb sich die Augen. „Wer bist du denn?“, fragte sie verwundert.

„Ich bin Gruseli, ein ganz furchtbar gruseliger Geist!“, antwortete Gruseli und versuchte dabei, seine Stimme tief klingen zu lassen.

„Toll!“, jauchzte Nina. Sie war nun hellwach. Einen echten Geist hatte sie noch nie gesehen. „Kannst du an der Decke schweben?“, fragte sie neugierig.

Gruseli schüttelte den Kopf. „Ich habe ein bisschen Höhenangst. Aber unterbrich mich nicht dauernd. Ich bin ja nicht zum Spaß hier!“

Nina ließ sich nicht aufhalten. „Wo sind denn deine Ketten?", wollte sie nun wissen.

„Die sind so furchtbar schwer! Also habe ich sie in meinem Zimmer gelassen!", antwortete der kleine Geist ungeduldig.

Nina kicherte.

Gruseli schaute sie ein wenig beleidigt an.

„War nicht böse gemeint!", entschuldigte sich Nina. „Zeigst du mir, wie du durch Wände gehen kannst?"

„Jetzt nicht! Das ist nämlich sehr gefährlich,

denn man kann stecken bleiben!", antwortete Gruseli.

Nina staunte. Gruseli schien ein seltsamer Geist zu sein. „Du bist nett!", sagte sie.

Das wollte Gruseli natürlich ganz und gar nicht hören. „Du sollst dich vor mir fürchten!", erwiderte er bestimmt.

Aber Nina schüttelte nur den Kopf. Nein, sie hatte keine Angst!

Der kleine Geist war verzweifelt. „Weißt du, ich sollte dich erschrecken!", erklärte er traurig.

„Ja, aber warum denn?", fragte Nina neugierig.

Gruseli erzählte von seiner Aufgabe.

Er berichtete, wie die Geisterschüler die

Käufer vertrieben hatten und dass sie so das Schloss und die Schule retten wollten.

„Das ist ein toller Plan! Ich hoffe, er funktioniert, denn ich habe mich gleich in Schloss Spukenstein verliebt. Ich will auch nicht, dass es abgerissen wird! Onkelchen sagt, dass das Schloss kaum mehr etwas wert ist. Ich glaube, für nächste Woche hat er schon die Bagger bestellt. Es ist für ihn billiger, alles abzureißen, als eine Alarmanlage für die teuren Gemälde einzubauen. Mein Onkel ist leider sehr, sehr geizig!", gab sie zu.

Gruseli seufzte. „Dann hat doch alles keinen Sinn!", schluchzte er. Es gab keine Hoffnung mehr für das Schloss!

„An Geister glaubt Onkelchen auch nicht! Ich kann ihm nicht von der Geisterschule erzählen", bedauerte Nina.

„Ich habe eine Idee!", rief Gruseli plötzlich und flüsterte Nina etwas ins Ohr.

Gänsehaut bei Graf Spukenstein

Graf Spukenstein saß in einem gemütlichen Lehnsessel. Er las in dem Buch „Wer spart, der hat!“. Nur eine Kerze brannte.

„Soll ich dir Licht machen, Onkelchen?“, fragte Nina.

Entsetzt schüttelte ihr Großonkel den Kopf. „Weißt du denn nicht, was das kostet? Die Kerze reicht!“, brummte er.

Nina setzte sich in einen anderen Ledersessel. „Du schaffst es“, flüsterte Nina vor sich hin und wartete auf Gruselis Auftritt. Gespannt blickte sie zur Tür.

Dahinter hatte sich Gruseli auf seinen Spuk vorbereitet.

Er war schrecklich aufgeregt!

Dann fasste er sich ein Herz und schlüpfte durch das Schlüsselloch ins Zimmer.

Nina entdeckte ihn und nickte ihm zu.

Es war ein schönes Gefühl für den kleinen Geist, dass Nina ihm einen schrecklichen Spuk zutraute. Er fühlte sich plötzlich viel mutiger als jemals zuvor und machte sich unsichtbar.

Graf Spukenstein blätterte angestrengt in seinem Buch, als Gruseli tief Luft holte und die Kerze ausblies. Verwundert schaute der Graf sich um.

Nur der Vollmond erhellte das Zimmer.

„Vielleicht ist irgendwo ein Fenster offen?!", meinte Nina.

„Ganz sicher nicht! Schließlich heizen wir nicht, damit es draußen wärmer wird!", antwortete ihr Großonkel und legte das Buch auf den Tisch vor ihm.

Gruseli gab dem Buch einen kräftigen Stoß. Mit einem lauten Krach fiel es zu Boden. Bevor der Graf sich bücken konnte, hob es der kleine Geist auf. Da Gruseli unsichtbar war, schwebte das Buch durch

die Luft zurück zum Tisch.

Graf Spukensteins Augen weiteten sich. Zitternd zeigte er auf das Buch.

„Siehst du auch, was ich sehe?“, fragte er stotternd.

Nina nickte.

Es lag also nicht an den Brillen, die er seit fünfzig Jahren trug. Schon längst hätte er sich neue kaufen sollen. Wenn sie nur bloß nicht so teuer wären ...

„Wahrscheinlich ist ein Geist im Schloss!“, murmelte Nina.

„Unsinn!“, widersprach ihr Großonkel. An Geister glaubte er nicht.

Da schwebte Gruseli zu einem riesigen Gemälde, das den Vater des Grafen zeigte. Mit aller Kraft bewegte er es hin und her.

„Das Schloss darf nicht abgerissen werden!“, rief er mit tiefer Stimme.

Graf Spukenstein lief es kalt den Rücken hinunter. „Das gibt es nicht!“, flüsterte er und starrte voller Angst auf das Bild.

Nun war es genug.

Nina bat den kleinen Geist, sich sichtbar zu machen. „Das ist mein Freund Gruseli!“, stellte sie ihn vor. Schüchtern schwebte Gruseli neben dem Mädchen.

Ungläubig blickte der Graf von einem zum anderen.

Nina erzählte ihrem Großonkel von der Geisterschule und dem Spuk, der die beiden Männer vertrieben hatte. „Bitte, Onkelchen, du darfst das Schloss nicht abreißen lassen!“, sagte sie.

Ihr Großonkel hatte mit ernstem Blick zugehört und keine Miene verzogen.

Dann machte Gruseli dem Grafen einen Vorschlag ...

Ein schrecklich schönes Ende

Im Verlies warteten die Geisterschüler schon ungeduldig auf Gruseli.

„Hast du sie vergrault? Sind sie schon weg?“, bestürmten sie ihn, als er durch die Mauer hereinschwebte.

Der kleine Geist schüttelte den Kopf.

Da ging die Tür auf und Nina und ihr Großonkel traten ein.

„Und wir gehen auch nicht weg!“, rief der Graf. Die Geisterschüler zuckten erschrocken zusammen.

Klapper erholte sich als Erster von dem Schreck und warf Gruseli einen bösen Blick zu. Wie konnte er nur den Graf hierher mitnehmen, statt ihn zu vertreiben?

„Was ist denn hier los?", fragte Direktor Grausam, der gerade das Klassenzimmer betreten hatte. Wie versteinert blieb er stehen, als er den Grafen bemerkte.

„Graf Spukenstein!", rief er entsetzt.

„Sie müssen der Direktor der Geisterschule sein, die sich übrigens in MEINEM Schloss befindet!", brummte der Graf.

Langsam drehte er sich wieder zu den Geisterschülern. „Nina hat mir erzählt, was heute geschehen ist!", sagte er ernst.

Die kleinen Geister schluckten. Das würde ein Donnerwetter geben!

„Meine Großnichte bat mich, das Schloss nicht abreißen zu lassen! Ich habe darüber nachgedacht. So ein altes Haus ist sehr teuer. Wenn ich nur daran denke, was eine Alarmanlage für die teuren Bilder kostet, schaudert mich. Wenn ich das Schloss abreißen lasse, spare ich viel Geld!", fuhr Graf Spukenstein fort.

Die Geisterkinder hielten den Atem an. Ihre Schule war nicht mehr zu retten.

Schreckina hatte Tränen in den Augen. Die anderen schauten traurig zu Boden.

„Aber Herr Graf, überlegen Sie …", begann Direktor Grausam.

Graf Spukenstein hob seine rechte Hand. „Ich habe meine Entscheidung schon

getroffen!", sagte er und schaute streng in die Runde. „Ich kann keine Rücksicht auf Geister nehmen. Es tut mir leid, aber das müsst ihr verstehen!"

„Großonkel!", rief Nina.

„Ich kann eigentlich keine Rücksicht auf Geister nehmen! Aber euer Gruseli hat mir berichtet, wie ihr die beiden Männer vertrieben habt. Er hat selbst mir einen ordentlichen Schrecken eingejagt!", gab der Graf zu. „Dann hatte er eine wirklich gute Idee. Wenn ihr in meinem Schloss spukt, ist das besser als jede Alarmanlage! Ihr seid der beste Einbrecher-Schreck. Und der billigste!"

Erwartungsvoll schauten ihn die kleinen Geister an.

„Ich werde das Schloss nicht abreißen lassen! Ihr dürft bleiben!", sagte der Graf.

Was war das für ein Jubel! Da wurde mit Knochen geklappert, mit Ketten gerasselt oder einfach in die Hände geklatscht.

Nina fiel ihrem Großonkel um den Hals und drückte ihm einen dicken Kuss auf die Wange.

„Schon gut! Jetzt spare ich sogar das Geld für den Abriss!“, flüsterte der Graf.

Da musste Nina lachen.

„Ich danke Ihnen!“, war auch Direktor Grausam begeistert. Zur Feier des Tages hatte er sich sogar seinen Kopf aufgesetzt. Dann murmelte er etwas vor sich hin und griff in seine Aktentasche. „Liebe Geisterschüler! Ihr habt bewiesen, dass ihr viel gelernt habt. Nicht nur das Spuken und Geistern, sondern auch, dass man zusammenarbeiten muss, um etwas zu erreichen. Deswegen überreiche ich euch schon heute eure Diplome! Ihr seid jetzt richtige Grusel-Experten!“, sagte er feierlich.

Natürlich bekam auch Gruseli ein Zeugnis.

„Wir sind sehr stolz auf dich! Als es wirklich wichtig war, bist du über deinen Schatten gesprungen. Du hast etwas geschafft, was wir dir nicht zugetraut hätten!", lobte ihn Direktor Grausam.

Gruseli lachte: „Ich habe gar nicht gewusst, dass ich so gruselig sein kann!"

ISBN 978-3-7074-0389-3
4. Klasse, ab 8/9 Jahren

ISBN 978-3-7074-0350-3
4. Klasse, ab 8/9 Jahren

ISBN 978-3-7074-0351-0
4. Klasse, ab 8/9 Jahren

Weitere Bücher

ISBN 978-3-7074-0349-7
4. Klasse, ab 8/9 Jahren

ISBN 978-3-7074-1163-8
ab 9 Jahren

ISBN 978-3-7074-1103-4
ab 8 Jahren

ISBN 978-3-7074-1136-2
ab 8 Jahren

ISBN 978-3-7074-1102-7
ab 8 Jahren

ISBN 978-3-7074-1137-9
ab 8 Jahren